青少年运动技能等级标准与测试方法丛书

STSSL.CN
STANDARD TEST OF SPORT SKILL LEVEL

CSEA
CHINA SPORTS EDUCATION ALLIANCE

青少年田径运动技能等级标准与测试方法

全国青少年运动技能等级标准研制组　组编

科 学 出 版 社
北 京

内 容 简 介

本书介绍了青少年田径运动技能等级标准与测试方法，主要内容包括“测试场地、器材、设备及人员配备要求”“测试的总体要求”“各等级测试科目”“跑类科目”“跳跃类科目”“投掷类科目”“评分及达标标准”“‘单项直通换证’达标标准”等。三大类科目测试中规定了各科目的测试方法及要求，并对测试过程中的要点及易犯错误辅以说明。此外，本书附录部分为一～九级测试各科目成绩查分表。

本书可供国家及各级教育主管部门、体育主管部门，各级体育协会，体育院校及中小学校，社会性体育培训组织相关人员参考、使用。

图书在版编目（CIP）数据

青少年田径运动技能等级标准与测试方法 / 陈佩杰，唐炎主编．— 北京：科学出版社，2018.4
（青少年运动技能等级标准与测试方法）
ISBN 978-7-03-057039-0

Ⅰ．①青… Ⅱ．①陈… ②唐… Ⅲ．①田径运动－称号等级（体育）－标准②田径运动－称号等级（体育）－测试方法 Ⅳ．①G82

中国版本图书馆 CIP 数据核字（2018）第 055607 号

责任编辑：潘志坚 / 责任校对：谭宏宇
责任印制：黄晓鸣 / 封面设计：殷 靓

科学出版社 出版
北京东黄城根北街 16 号
邮政编码：100717
http: // www. sciencep. com
南京展望文化发展有限公司排版
当纳利（上海）信息技术有限公司印刷
科学出版社发行 各地新华书店经销

*

2018 年 4 月第 一 版 开本：B5（720 × 1 000）
2022 年 3 月第七次印刷 印张：5 1/4
字数：79 000

定价：60.00 元

“青少年运动技能等级标准与测试方法”丛书
编辑委员会

“青少年运动技能等级标准与测试方法”丛书
专家指导委员会

《青少年田径运动技能等级标准与测试方法》编辑委员会

丛书序

2017年11月，国家体育总局、教育部、中央文明办、发展改革委、民政部、财政部和共青团中央7部门联合制定出台了《青少年体育活动促进计划》，明确提出“研究建立青少年运动技能等级评定标准”，并要求“各级教育部门应将运动技能等级纳入学生综合素质评价体系”。运动技能水平是衡量个体体育综合能力的关键指标，让青少年掌握1～2项运动技能是国家对青少年体育教育的基本要求。然而，如何客观有效地评判青少年运动技能的掌握水平，我们还缺乏一套行之有效的标准。毋庸讳言，当前运动技能等级标准的缺失已经成为制约青少年体育改革发展的主要因素。这对学校体育与健康课程改革的效果检验和深入推进、青少年体育素养水平评价的实施及社会性青少年体育培训的规范开展都造成了影响。因此，制定一套能展现运动项目特征、反映运动技能进阶规律、科学性强且便于测试的“青少年运动技能等级标准”（以下简称“标准”）已迫在眉睫。

2016年3月，上海体育学院组建了“标准”研制组开展相关工作。经过广泛的专题调研和充分的分析讨论后，研制组确立了四等十二级制的“标准”体系构架，并以“标准”指标能反映运动项目的实际运用能力、能反映个体运动技能水平的变化、能促进青少年运动参与的积极性、能与竞技体育运动等级标准有效衔接为基本思路，依托中国乒乓球学院强大的科研力量，以乒乓球运动技能等级标准的研制为突破口，以点带面地推进研制工作。2017年4月12日，研制组首先发布了《青少年乒乓球运动技能等级标准》（以下简称《乒乓球标准》）。《乒乓球标准》的发布得到了中国乒乓球协会与上海市教委相关领导、乒乓球界多位名宿与专家的高度肯定，国家体育总局官网、新华网、环球网等数十家媒体予以报道。在《乒乓球标准》成功发布的基础上，研制组进一步优化研制思路和路径。又历时1年，经过对9 000余名青少年进行测试和数十轮专家研讨，研制组先后完成了足球、篮球、排球、羽毛球、网球、高尔夫球、田径、体操、游泳、武术10个运动项目的“标准”研制工作。上海市学生体育协会对“标准”高度认可，并采纳其全部内容用于促进青少年学生体育活动的开展工作。同时，“标准”已作为行业主体在上海市质量技术监督局申请为“团体标准”。“标准”的正式出台对于推动青少年体育发展可以起到以下几方面的作用。第一，“标准”的体系构架能够实现普通青少年与精英运动员的运动技能水平评定的衔接，能够为体育管理部门掌握青少年运动技能等级分布情况、规划运动项目发展方向提供支撑。第二，“标准”的指标设计充分考虑到运动项目参与主体的获得感，青少年在每一阶段的进步均能通过等级的进阶得到证明，从而更好地激发和维持青少年积极参与运动的热情。第三，“标准”在对个体参与测试的资格上添加了运动经历的要素，要求被测者从进入“提高级”的测试开始，必须要具备相应的运动经历才能参与测试。这样的设置突出了“标准”作为评价工具的发展功能，能够避免青少年将技能等级提升与运动实践相割裂的弊端，从而更好地带动青少年积极运动。第四，“标准”指标体系的科学性及测试方法的便捷性能够为学校开展体育技能教学、评定学生体育技能水平提供技术支撑，能够为教育部门开展学生体育素养测评提供科学便捷的工具，更好地实践体育与健康课程的育人价值。第五，“标准”能够为各种青少年体育培训机构的培训质量提供明确的评价依据。当前，青少年体育培训机构虽然蓬勃发展，但也良莠不齐。评价培训质量的指标较多，而青少年运动技能水平的提升程度无疑才是评价培训质量优劣的重要参考。

从提出研制思路到最终成稿，上海市教委都给予了极大的支持与帮助。同时，上海体育学院国家社会科学基金重大项目《中国儿童青少年体育健身大数据平台建设研究》研究团队从项目设计开始，就将“标准”的研制作为主要的研究任务之一，并形成了专门的研究小组进行技术攻关。此外，各运动项目领域的诸多专家及协会、众多中小学学校及社会性体育培训机构也在本“标准”的研制过程中提供了大量帮助。在此，向所有为“标准”的研制工作贡献力量的人员表示衷心的感谢！

受制于学识的限制，“标准”肯定存在着诸多不完善的地方。因此，恳请广大专家学者以及应用“标准”的相关机构、组织及个人不吝赐教，多提宝贵意见，为“标准”的进一步完善提供真知灼见！

陈佩杰　唐　炎

2018年3月12日

编写说明

让青少年掌握1～2项运动技能是国家对青少年体育教育的基本要求。然而，如何评定青少年运动技能水平，尚没有客观且有效的评价标准及测试方法。上海体育学院组建了青少年运动技能等级标准研制组，共历时2年左右，首期研制了乒乓球、足球、篮球、排球、羽毛球、网球、田径、体操、游泳、武术、高尔夫球11个运动项目的技能等级标准与测试方法。

《青少年运动技能等级标准与测试方法》丛书的编写特点如下：

- **科学性强** 基于万余名青少年的测试数据，经过数十轮专家论证而制定。各等级的测试科目基本涵盖了该项运动的主要技术，体现了运动项目的本质特征和运动技能的进阶规律。
- **客观性强** 研制过程中尽可能采用智能化的测试手段，能够有效避免主观因素。此外，还对各运动项目的测试场地、器材、设备、测试者及被测试者提出了统一要求，从而保证了不同测试基地间测量的可信度。
- **操作性强** 在保证科学性和客观性的基础上，力求各运动项目等级的测试方法更简单易行，耗时更少。
- **引领性强** 不同运动项目的相同等级难度设置基本对等，具有一定的层次性。从“提高级”开始，要求具备相应的运动经历，能够激发和维持青少年的运动参与热情。
- **贯通性强** 能与现行的《运动员技术等级标准》及高水平竞技运动有效衔接，从而实现普通青少年与运动精英在技能上的贯通。
- **直观性强** 各等级测试过程中的要点均辅以图片进行说明，且每项测试科目都配有示范内容的视频，通过扫描二维码，即可直观、便捷地了解测试内容与方法。

目 录

从书序
编写说明

测试场地、器材、设备及人员配备要求
场地……03
器材……03
设备……03
人员……03

测试的总体要求
测试规则……05
被测试者要求……06
考官要求……06
测试点要求……06

各等级测试科目

跑类科目
测试方法及要求……10
要点及易犯错误……11
科目：50 米、100 米……12
科目：800 米（女）、1 000 米（男）、1 500 米和 6 分钟定时跑……13
科目：40 米栏、60 米栏……14
科目：100 米栏（女）、110 米栏（男）……15

跳跃类科目
测试方法及要求……18
要点及易犯错误……19

科目：十字跳……20
科目：立定跳远……21
科目：跳远……22
科目：三级跳远……23
科目：跳高……24

投掷类科目

测试方法及要求……26
要点及易犯错误……27
科目：原地掷垒球……28
科目：跪姿投实心球……29
科目：头上前抛实心球……30
科目：后抛实心球……31
科目：推铅球……32

各等级测试达标标准

“单项直通换证”达标标准

附录

附录一：一～六级跑类科目成绩查分表……50
附录二：一～六级跳类科目成绩查分表……55
附录三：一～六级投类科目成绩查分表……58
附录四：七～九级综合测评跑类科目成绩查分表……61
附录五：七～九级综合测评跳类、投类科目成绩查分表……69

青少年田径运动技能等级标准与测试方法

田径运动包括了走、跑、跳、投等丰富的基本运动技能，体现了人类的速度、力量和耐力等能力，是各项运动技术、技能和身体素质的基础。为了帮助青少年掌握1～2项运动技能，促进青少年健康成长，推动田径运动的良好发展，特制定《青少年田径运动技能等级标准》(以下简称“标准”)。本“标准”在整体上采用四等十二级制，其中，一～三级为入门级，四～六级为提高级，七～九级为专业级，十～十二级为精英级。本“标准”仅针对一～九级，预留十～十二级与高水平运动员等级相衔接。

测试场地、器材、设备及人员配备要求

场地

测试场地为400米标准塑胶田径场。测试项目均在标准的田径场进行，所有的测试器材均应符合世界田联的认证要求，非标准器材以本“标准”的规定为准。

器材

计时设备：数字式电子秒表25块，或经校验的红外计时系统3套。

测距设备：经校检的卷尺6把，或电子距离测量设备3套。

成绩记录系统：笔记本电脑5台、打印机2台、手写记录夹板10块。

记录台：配备适当数量的桌椅。

发令设备：手旗2面、发令枪（含子弹）2把、口哨2个等。

栏架：软质低栏架和标准栏架，根据测试规模配备足够数量。

实心球：软质充气实心球，重量包括1千克、2千克，各10只。

垒球：标准垒球，重178～198克，10只。

铅球：符合世界田联的要求，重量包括4千克、5千克，各10只。

其他未作说明的器材：需参考下文中各等级的器材具体规格及要求准备足够数量的器材，如体操垫、石灰粉、标志线等。

设备

除专用测试器材外，必须准备医用急救包3套，专用录像设备5台，配备网络接口，并保证网络畅通。

人员

径赛项目：主考官至少2名，考官至少18名。

远度跳跃：主考官至少2名，考官至少8名。

高度跳跃：主考官至少1名，考官至少4名。

投掷项目：主考官至少2名，考官至少8名。

场地器材：主考官至少1名，考官至少2名。

测试的总体要求

测试规则

被测试者首次申请测试可以从任一等级开始，但应对自己的水平有一定的预估。首次测试通过后方可申请高一等级的测试，不通过者须至少降一等级重新申请。

本“标准”在遵循中国田径协会审定翻译的最新田径竞赛规则和裁判方法的基础上，制定了特定的测试规则，具体可参考各项目的测试要求和视频演示。被测试者的等级认定将严格按照本“标准”进行，若违反竞赛规则或本“标准”的相关规定，测试将被终止，并做出相应处理。

被测试者必须在跑、跳、投三类科目的备选项目中各选择一个项目进行测试。测试结果对照本“标准”中对应项目的等级评分表，换算成具体分数，合计总分数达到对应的申请等级标准要求者，将由专门的“标准”主管部门进行认定，并发放对应的等级证书。

采用综合测试申请等级一～九级的被测试者，各单项折算分数不小于对应等级评分标准的下限要求，任意一项小于计分下限者，则不能进行合计总分；若任意一项或多项优于对应等级评分标准上限者，则只能以对应等级评分标准的上限分值进行记分和计算总分，不能跨等级记分。其中，申请七～九级综合计分法等级被测试者可选择同类别2项+异类别1项的成绩计算总分，且可以使用两年内不同场次的比赛成绩（申请表详见二维码）。

同时，申请等级六～九级的被测试者还可采用专门设置的“单项直通换证”标准，该成绩必须是申请者参加市、区级等相应等级的政府部门主办的运动会，提供参加比赛的秩序册、成绩册（或主办方提供的加盖公章的成绩证明）和参赛现场照片等相关文件，以及拟申请对应等级的申请表（详见二维码），将由专门的“标准”主管部门进行认定，并发放对应的等级证书。此类申请的比赛应严格符合世界田联的竞赛与技术规则的要求，如起跑、钉鞋、器材规格等。

综合计分法等级申请表

“单项直通换证”申请表

被测试者要求

被测试者必须身着运动服和运动鞋参加测试，必须进行充分的热身和准备活动后方可参加测试。

从四级开始要求被测试者应具有一定的比赛经历。申请四～六级的测试须参加过县级及以上政府相关部门主办的比赛，或者以“标准杯”冠名的相应级别比赛，或者经“标准”委员会认定的比赛。申请七～九级的测试须参加过地市级及以上政府相关部门主办的比赛，或以“标准杯”冠名的相应级别比赛，或者经“标准”委员会认定的比赛。

考官要求

主考官及考官必须身着专用测试服装参加测试。测试前考官必须认真检查测试场地、器材及设备，提醒被测试者做好充分的准备活动。

主考官资质：应具备田径国家一级及以上裁判等级。

考官资质：应具备田径国家二级及以上裁判等级。

所有考官均应无不良执裁记录。

测试点要求

测试点必须保持场地干净、整洁、卫生、明亮，无易造成伤害事故的坚硬物体或其他安全隐患，必须有安全出口和紧急疏散通道。整个测试过程须全程录像。

各等级测试科目

各等级测试科目一览表

测试科目			各等级测试备选科目						
类别	编号	科　　目	一级	二级	三级	四级	五级	六级	七～九级
跑	1	50米	★	★	★	★	★	★	以所参加比赛设置的科目和要求为准
	2	100米			★	★	★	★	
	3	800米/女子			★	★	★	★	
	4	1 000米/男子			★	★	★	★	
	5	1 500米				★	★	★	
	6	6分钟定时跑	★	★	★	★	★	★	
	7	40米栏	★	★	★	★	★		
	8	60米栏				★	★	★	
	9	100或110米栏						★	
跳	1	十字跳	★	★	★	★			
	2	立定跳远	★	★	★	★	★	★	
	3	跳远			★	★	★	★	
	4	三级跳远				★	★	★	
	5	跳高				★	★	★	
投	1	原地掷垒球	★	★	★	★			
	2	跪姿投实心球	★	★	★	★			
	3	头上前抛实心球			★	★	★	★	
	4	后抛实心球				★	★	★	
	5	推铅球				★	★	★	

注：(1)40米栏一～三级栏架高度为0.50米，四～五级栏架高度为0.60米。

(2)女子100米栏和男子110米栏分别设置青年和少年级的栏高，对应单项达标标准。

跑类科目

测试方法及要求

每个被测试者只有1次测试机会。

被测试者采用站立式起跑，双手不允许触地，双脚不允许超过起跑线，当听到“各就位”口令后，应立即做好起跑准备，听到“枪声”或“跑”的口令后即可开始起跑。

考官应从看到发令枪发出的烟或手旗下落瞬间开始计时，直到被测试者身体的躯干部分到达终点线后沿垂直面瞬间为止，记录被试跑完全程的时间作为其测试成绩，手计时记取至0.01秒，成绩记录为较差的0.1秒；在6分钟定时跑时，应每1分钟提示一次时间，直到5分30秒时最后一次提示，6分钟时发信号被测试者停止跑动，记录被测试者跑动的距离作为测试成绩，以5米作为最小记录单位，不足5米则不计算距离。

要点及易犯错误

在各就位时，被测试者不能踩或越过起跑线；在发令枪响或“跑”的口令前，被测试者抢跑；弯道跑时，踏进跑道内突沿以内或内侧分道线以内，而缩短跑距；过栏时，摆动腿或起跨腿从栏侧过栏或故意踢倒、推倒栏架，以及由被测试者形为影响邻道被测试者等，以上均为犯规，应取消测试成绩。

科目：50米、100米

50米　　100米

在直道上，分道进行。被测试者的分组、道次由“标准”委员会抽签决定。

科目：800米（女）、1 000米（男）、1 500米和6分钟定时跑

800米（女）　1 000米（男）　1 500米　6分钟定时跑

采用弧线起跑的不分道跑。被测试者的分组、序号由“标准”委员会抽签决定。

6分钟定时跑需要在场地内侧从起点开始每5米放置一个标志物。至少每10米的标志物或地面处有明显的距离标示。

科目：40米栏、60米栏

40米栏　　60米栏

在直道上，分道进行。被测试者须在自己的分道内，依次在栏架上方跨越栏架。

40米栏

全程放置4个栏架。一～三级测试使用的栏架高度为0.50米，起点线至第一栏的距离为11米，每个栏间距离为6.0米，最后一栏至终点线的距离为11米。四～五级测试使用的栏架高度为0.60米，起点线至第一栏距离为10.5米，每个栏间距离为6.5米，最后一栏至终点线的距离为10.0米。

60米栏

全程放置5个栏架。男子测试使用的栏架高度为0.84米，起跑线至第一栏的距离为13.72米，每个栏间距离为8.5米，最后一栏至终点线的距离为12.28米。女子测试使用的栏架高度为0.762米，起跑线至第一栏为13.0米，每个栏间距离为7.0米，最后一栏至终点线的距离为19.0米。

科目：100米栏（女）、110米栏（男）

女子100米栏或男子110米栏

100米栏

全程放置10个栏架。女子青年组（U20）使用的栏架高度为0.84米，女子少年组（U18）使用的栏架高度为0.762米。起跑线至第一栏的距离为13米，每个栏间距离为8.5米，最后一栏至终点线的距离为10.50米。

110米栏

全程放置10个栏架。男子青年组（U20）使用的栏架高度为0.99米，男子少年组（U18）使用的栏架高度为0.914米。起跑线至第一栏的距离为13.72米，每个栏间距离为9.14米，最后一栏至终点线的距离为14.02米。

跳跃类科目

测试方法及要求

被测试者在听到裁判员的口令或看到允许的旗示后，应在60秒（此处指试跳的时限）内完成该次试跳，超时则计作失败。

裁判员应通过声音或旗示通知被测试者开始试跳，并由专人准确记录时间。有效的试跳后，应由专人测量成绩，专人记录并大声宣读或显示成绩。

远度成绩以1厘米为最小记录单位，高度成绩以2厘米为最小升杆单位。

要点及易犯错误

在十字跳时，顺序错误；在立定跳时，起跳前垫跳一下，或踩起跳线；高度跳时，选择试跳高度应告知考官，避免错过某高度；远度跳时，起跳脚越过起跳线对应的垂直面等，以上均为犯规。

科目：十字跳

十字跳

测试时间为15秒，记录被测试者的完成次数。每个被测试者有3次测试机会，次间歇时间30秒。取其中最好的1次成绩作为最终成绩。

十字跳场地由五个正方形呈“十”字形摆放，正方形的边长为50厘米，中间为“0”点，即预备出发位，依次标示数字，前面为“1”点，后面为“2”，左面为“3”，右面为“4”。当听到预备口令时，被测试者站在场地的中心“0”点；听到开始口令时，按照“1-0-2-0-3-0-4-0”的顺序完成连续的双脚跳跃动作，每完成一个轮回计数一次，循环进行。当15秒时间到时，发出“停”的口令，则测试结束。记录被测试者完成的次数。

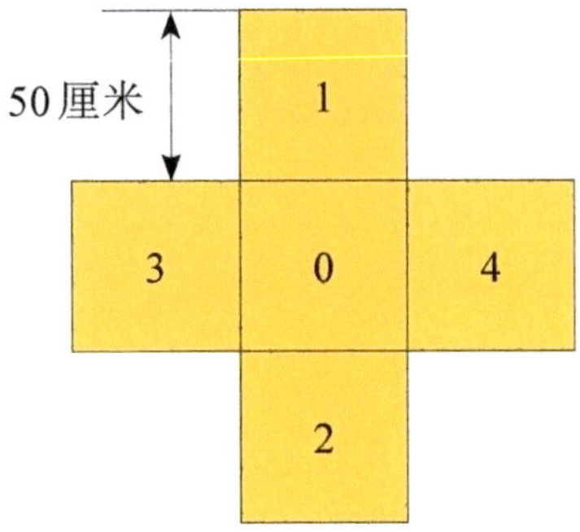

科目：立定跳远

立定跳远

每个被测试者有3次测试机会，采用连续试跳方式完成。取其中最好的1次成绩作为最终成绩。

被测试者站在起跳线后，考官下达口令后，用力向前方跳跃，以脚或身体着地的最近点到起跳线的垂直距离作为其测试成绩。

科目：跳远

跳远

每个被测试者有3次测试机会，采用小组循环试跳方式完成。取其中最好的1次成绩作为最终成绩。

被测试者经助跑，在起跳线后完成起跳向前跳跃，以脚或身体着地的最近点到起跳线的垂直距离作为其测试成绩。

执行跳远判罚规则，如越过起跳线起跳，则判为试跳失败等。

科目：三级跳远

三级跳远

每个被测试者有3次测试机会，采用小组循环试跳方式完成。取其中最好的1次成绩作为最终成绩。

被测试者经助跑，在起跳线后完成起跳向前跳跃，第一跳为单脚跳，第二跳为跨步跳，第三跳为跳跃，落进落地区。以脚或身体着地的最近点到起跳线的垂直距离作为其测试成绩。

执行三级跳远判罚规则，如越过起跳线起跳，则判为试跳失败等。

科目：跳高

跳高

被测试者可以在考官事先宣布的横杆升高计划中的任何一个高度开始试跳，也可以在以后任何一个高度上根据自己的愿望决定是否试跳。若被测试者连续3次试跳失败，即失去继续试跳的资格。记录被测试者最后跳过的高度为其最终测试成绩。

被测试者经助跑，单脚起跳，可以采用跨越式或背越式的方式，跃过横杆。最小升杆高度为2厘米，具体升杆计划应在每场测试的规程中提前声明。

执行跳高的判罚规则，如起跳前身体越过横杆投影垂直面，则判为试跳失败等。

投掷类科目

测试方法及要求

每个被测试者有3次测试机会，采用小组循环或连续试投方式完成。取其中最好的1次成绩作为最终成绩。

本“标准”中涉及的投掷项目均以静止姿势开始投掷，在器械出手前，身体的任何部分不能超过起掷线的近侧边沿。

要点及易犯错误

在投掷区内启动投掷动作，不能出投掷区；器械应落在有效落地区内，出界即无效。

科目：原地掷垒球

原地掷垒球

每个被测试者由原地在靠近投掷弧2米宽的投掷区域内开始，用力向前方投掷垒球，垒球落地的最近点到投掷弧内沿的最短距离作为其测试成绩。

执行掷标枪的判罚规则，如垒球落地偏出28.9°的落地区角度线内沿以外，则该次试投失败等。

科目：跪姿投实心球

跪姿投实心球

被测试者双膝跪在垫子（1米×2米的体操垫）上，双膝不超过起掷线，用双手高举实心球（1千克）于头的后上方，向前用力将实心球掷出，实心球应落在4米宽的落地区内，以第一落地点到起掷线的垂直距离作为其测试成绩。球出手后，测试者可以趴在或双手撑在垫上做缓冲，但膝关节不能前移超过起掷线。

科目：头上前抛实心球

头上前抛实心球

被测试者站立在投掷区起掷线后，用双手高举实心球（2 千克）于头的后上方，用力将实心球向前方掷出，实心球应落在4米宽的落地区内，以第一落地点到起掷线后沿的垂直距离作为其测试成绩。球出手后可以换脚缓冲，但双脚不能向前超过起掷线。

科目：后抛实心球

后抛实心球

被测试者背对投掷落地区，站在起掷线后，双手持球于体前，用力将实心球（2 千克）经头上向投掷落地区掷出，实心球应完全落在4米宽的落地区内，以第一落地点最近点到起掷线后沿的垂直距离作为最后成绩。可采用后滑步式缓冲，但器械出手后，双脚不能超过投掷线。

科目：推铅球

推铅球

被测试者站在铅球投掷圈内，将铅球（男5 千克，女4 千克）置于颈部，以静止姿势开始，可以采用原地或滑步的方式（不得助跑），以单手的方式将铅球从肩上推向落地区，铅球落地的最近点到抵趾板内沿的最短距离为其测试成绩。

执行推铅球判罚规则，如投掷过程中触及抵趾板上沿及铁圈外地面，则试投失败等。

各等级测试达标标准

男子一～三级达标标准

一级达标标准为3项综合计分≥150分；二级达标标准为3项综合计分≥180分；三级达标标准为3项综合计分≥210分。

男子一～三级评分标准

测试内容		各等级总评的下限和上限及对应查分表分值和测试成绩					
类别	科目	一级		二级		三级	
		下限/40	上限/70	下限/50	上限/80	下限/60	上限/90
跑	50米(秒)	9.0	7.5	8.5	7.0	8.0	6.5
	100米(秒)	/	/	/	/	15.0	13.5
	40米栏(秒)	9.5	8.0	9.0	7.5	8.5	6.5
	1 000米(秒)	/	/	/	/	240	210
	6分钟跑(米)	1 100	1 400	1 200	1 500	1 300	1 600
跳	十字跳(次)	3	6	4	7	5	8
	立定跳远(米)	1.60	2.10	1.70	2.30	1.90	2.50
	跳远(米)	/	/	/	/	4.05	4.95
投	原地掷垒球(米)	18.00	32.00	22.00	36.00	27.00	40.00
	跪姿投实心球(米)	4.00	6.50	4.50	7.50	5.50	8.50
	头上前抛实心球(米)	/	/	/	/	8.50	11.00

注：表中“/”代表该项目不适用于对应等级。详细评分查分表见附录。

女子一～三级达标标准

一级达标标准为3项综合计分≥150分；二级达标标准为3项综合计分≥180分；三级达标标准为3项综合计分≥210分。

女子一～三级评分标准

测试内容		各等级总评的下限和上限及对应查分表分值和测试成绩					
类别	科目	一级		二级		三级	
		下限/40	上限/70	下限/50	上限/80	下限/60	上限/90
跑	50米（秒）	10.0	8.5	9.5	8.0	9.0	7.5
	100米（秒）	/	/	/	/	16.3	14.8
	40米栏（秒）	9.8	8.3	9.3	7.8	8.8	7.3
	800米（秒）	/	/	/	/	220	190
	6分钟跑（米）	860	1 160	960	1 260	1 060	1 360
跳	十字跳（次）	2	5	3	6	4	7
	立定跳远（米）	1.50	1.80	1.60	1.85	1.70	1.90
	跳远（米）	/	/	/	/	3.30	3.90
投	原地掷垒球（米）	14.00	26.00	18.00	30.00	22.00	34.00
	跪姿投实心球（米）	3.50	5.75	4.25	6.50	5.00	7.50
	头上前抛实心球（米）	/	/	/	/	6.00	7.50

注：表中“/”代表该项目不适用于对应等级。详细评分查分表见附录。

男子四～六级达标标准

四级达标标准为3项综合计分≥240分；五级达标标准为3项综合计分≥270分；六级达标标准为3项综合计分≥300分。

男子四～六级评分标准

测试内容		各等级总评的下限和上限及对应查分表分值和测试成绩					
类别	科目	四级		五级		六级	
		下限/70	上限/100	下限/80	上限/110	下限/90	上限/120
跑	50米(秒)	7.5	6.0	7.0	5.5	6.5	5.0
	100米(秒)	14.5	13.0	14.0	12.2	13.5	11.6
	40米栏(秒)	8.0	5.5	7.5	5.0	/	/
	60米栏(秒)	11.7	10.2	11.2	9.7	10.7	9.2
	110米栏/0.990(秒)	/	/	/	/	21.9	15.4
	110米栏/0.914(秒)	/	/	/	/	21.3	14.8
	1 000米(秒)	240	200	230	190	210	180
	1 500米(秒)	350	300	340	280	320	255
	6分钟跑(米)	1 400	1 700	1 500	1 800	1 600	1 900
跳	十字跳(次)	6	9	/	/	/	/
	立定跳远(米)	2.10	2.70	2.30	2.90	2.50	3.15
	跳远(米)	4.35	5.25	4.65	5.60	4.95	6.50
	三级跳远(米)	9.25	11.00	9.50	12.10	10.00	13.60
	跳高(米)	1.20	1.50	1.30	1.60	1.40	1.83
投	原地掷垒球(米)	32.00	45.00	/	/	/	/
	跪姿投实心球(米)	6.50	9.50	/	/	/	/
	头上前抛实心球(米)	9.00	12.50	10.00	13.50	11.00	14.50
	后抛实心球(米)	9.50	13.00	10.50	13.50	11.50	15.00
	推铅球/5千克(米)	9.65	11.45	10.05	12.35	10.45	15.25

注：表中“/”代表该项目不适用于对应等级。详细评分查分表见附录。

女子四～六级达标标准

四级达标标准为3项综合计分≥240分；五级达标标准为3项综合计分≥270分；六级达标标准为3项综合计分≥300分。

女子四～六级评分标准

测试内容		各等级总评的下限和上限及对应查分表分值和测试成绩					
类别	科　　目	四级		五级		六级	
		下限/70	上限/100	下限/80	上限/110	下限/90	上限/120
跑	50米(秒)	8.5	7.0	8.0	6.5	7.5	6.0
	100米(秒)	15.8	14.3	15.3	13.8	14.8	12.8
	40米栏(秒)	8.3	6.8	7.8	6.3	/	/
	60米栏(秒)	14.0	12.0	13.5	11.0	13.0	10.0
	110米栏/0.990(秒)	/	/	/	/	20.0	15.5
	110米栏/0.914(秒)	/	/	/	/	18.7	15.0
	800米(秒)	210	168	200	158	190	146
	1 500米(秒)	410	360	400	330	390	305
	6分钟跑(米)	1 160	1 460	1 260	1 560	1 360	1 660
跳	十字跳(次)	5	8	/	/	/	/
	立定跳远(米)	1.80	2.10	1.85	2.20	1.90	2.45
	跳远(米)	3.50	4.10	3.70	4.70	3.90	5.20
	三级跳远(米)	6.70	8.40	7.00	9.40	7.60	11.00
	跳高(米)	1.00	1.30	1.10	1.40	1.20	1.56
投	原地掷垒球(米)	26.00	39.00	/	/	/	/
	跪姿投实心球(米)	5.75	8.50	/	/	/	/
	头上前抛实心球(米)	6.50	8.50	7.00	9.50	7.50	11.00
	后抛实心球(米)	7.00	9.00	7.50	10.50	8.00	12.00
	推铅球/4 千克(米)	6.50	8.50	7.00	10.70	7.50	12.50

注：表中"/"代表该项目不适用于对应等级。详细评分查分表见附录。

男子七～九级达标标准

七级达标标准为3项综合计分≥330分；八级达标标准为3项综合计分≥360分；九级达标标准为3项综合计分≥390分。

男子七～九级评分标准

测试内容		分值				
类别	科目	七级		八级		九级
		下限/100	上限/130	下限/110	上限/140	下限/120
跑	100米(秒)	13.24	11.31	12.64	10.93	11.74
	200米(秒)	27.24	22.92	25.74	22.02	23.84
	400米	1:03.14	51.54	56.64	49.60	53.14
	800米	2:24.00	1:58.70	2:16.00	1:5450	2:03.00
	1 500米	5:00.00	4:05.50	4:40.00	3:54.90	4:15.00
	3 000米	10:50.00	8:52.50	10:05.00	8:35.00	9:10.00
	5 000米	19:10.00	15:25.00	17:40.00	14:40.00	16:10.00
	10 000米	40:00.00	32:25.00	37:00.00	30:50.00	34:00.00
	10公里竞走	1:00:00.00	46:30.00	54:00.00	44:00.00	49:00.00
	20公里竞走	2:46:00	1:49:25	2:24:30	1:35:20	2:03:30
	110米栏(秒)	19.24	15.48	18.24	14.73	16.24
	400米栏	1:16.14	57.14	1:08.14	54.14	1:00.14
	3 000米障碍	12:30.00	9:43.00	11:20.00	9:15.00	10:10.00
	50公里竞走	5:50:30	4:34:25	5:18:30	4:23:20	4:45:30
	马拉松	4:30:00	2:52:00	4:00:00	2:34:00	3:10:00
跳	跳远(米)	5.25	6.90	5.60	7.30	6.50
	三级跳远(米)	11.00	14.45	12.10	15.35	13.60

（续表）

测试内容		分值				
类别	科目	七级		八级		九级
		下限/100	上限/130	下限/110	上限/140	下限/120
跳	跳高（米）	1.50	1.90	1.60	2.00	1.83
	撑竿跳高（米）	2.70	4.40	3.50	4.80	4.00
投	推铅球（5千克）（米）	11.45	17.75	12.35	21.20	15.25
	推铅球（7.26千克）（米）	7.50	14.30	9.50	16.20	12.50
	标枪（米）	26.00	58.55	36.00	66.10	51.00
	铁饼（米）	22.00	43.30	29.00	49.60	38.00
	链球（米）	26.00	52.50	36.00	57.00	48.00

女子七～九级达标标准

七级达标标准为3项综合计分≥330分；八级达标标准为3项综合计分≥360分；九级达标标准为3项综合计分≥390分。

女子七～九级评分标准

测试内容		分值				
类别	科目	七级		八级		九级
		下限/100	上限/130	下限/110	上限/140	下限/120
跑	100米(秒)	14.48	12.74	14.04	12.33	13.04
	200米(秒)	32.84	26.44	29.24	25.42	27.24
	400米(秒)	1:14.14	1:00.2	1:08.14	57.3	1:03.14
	800米	2:48.00	2:19.80	2:38.00	2:12.80	2:26.00
	1 500米	6:00.00	4:48.00	5:30.00	4:31.00	5:05.00
	3 000米	13:00.00	10:25.00	12:00.00	9:50.00	11:00.00
	5 000米	26:00.00	18:35.00	23:00.00	17:10.00	20:00.00
	10 000米	54:00.00	39:30.00	48:00.00	37:00.00	42:00.00
	10公里竞走	1:07:30	54:29.00	1:02:30	51:28.00	57:30.00
	20公里竞走	2:56:30	2:00:00	2:35:30	1:46:30	2:14:30
	100米栏	18.74	15.04	17.24	14.33	15.74
	400米栏	1:24.00	1:04.50	1:16.00	1:01.00	1:08.00
	3 000米障碍	15:30.00	11:50.00	14:00.00	11:10.00	12:30.00
	马拉松	4:45:00	3:15:30	4:10:00	3:19:00	3:50:00
跳	跳远(米)	4.10	5.52	4.50	5.85	5.20
	跳高(米)	1.30	1.65	1.40	1.75	1.56

（续表）

测试内容		分　　值				
类别	科　　目	七级		八级		九级
		下限/100	上限/130	下限/110	上限/140	下限/120
跳	三级跳远（米）	7.80	11.75	9.40	12.5	11.00
	撑竿跳高（米）	1.80	3.30	2.40	3.60	3.00
投	推铅球（4 千克）（米）	8.50	13.90	10.70	15.30	12.50
	标枪（米）	24.00	45.00	30.00	52.00	38.00
	铁饼（米）	25.00	45.00	31.00	51.00	39.00
	链球（米）	24.00	46.00	32.00	53.00	40.00

“单项直通换证”达标标准

男子六～九级单项达标标准

男子六～九级单项达标标准一览表

测试内容		分值			
序号	科目	六级	七级	八级	九级
1	100米(秒)	12.64	11.74	11.31	10.93
2	200米(秒)	25.74	23.84	22.92	22.02
3	400米(秒)	56.64	53.14	51.54	49.60
4	800米	2:16.00	2:03.00	1:58.70	1:54.50
5	1 500米	4:40.00	4:15.00	4:05.50	3:54.90
6	3 000米	10:05.00	9:10.00	8:52.50	8:35.00
7	5 000米	17:40.00	16:10.00	15:25.00	14:40.00
8	10 000米	37:00.00	34:00.00	32:25.00	30:50.00
9	10公里竞走	54:00.00	49:00.00	46:30.00	44:00.00
10	20公里竞走	2:24:30	2:03:30	1:49:25	1:35:20
11	110米栏(成/1.067)(秒)	18.24	16.24	15.48	14.73
12	110米栏(青/0.990)(秒)	16.64	15.64	15.12	14.23
13	110米栏(少/0.914)(秒)	17.04	15.04	14.14	13.73
14	400米栏(成/0.914)(秒)	1:08.14	1:00.14	57.14	54.14
15	400米栏(少/0.840)(秒)	1:06.50	58.50	55.45	53.00
16	3 000米障碍	11:20.00	10:10.00	9:43.00	9:15.00
17	50公里竞走	5:18:30	4:45:30	4:34:25	4:23:20

（续表）

测试内容		分值			
序号	科目	六级	七级	八级	九级
18	马拉松	4:00:00	3:10:00	2:52:00	2:34:00
19	跳远（米）	5.60	6.50	6.90	7.30
20	三级跳远（米）	12.10	13.60	14.45	15.35
21	跳高（米）	1.60	1.83	1.92	2.00
22	撑竿跳高（米）	3.50	4.00	4.40	4.80
23	铅球（米）（成/7.26 千克）	9.50	12.50	14.30	16.20
24	铅球（青/6 千克）（米）	11.10	14.00	16.10	17.80
25	标枪（800 克）（米）	36.00	51.00	58.55	66.10
26	标枪（700 克）（米）	40.00	55.00	64.00	70.00
27	铁饼（成/2 千克）（米）	29.00	38.00	43.30	49.60
28	铁饼（青/1.75 千克）（米）	31.00	40.00	46.50	51.60
29	链球（成/7.26 千克）（米）	36.00	48.00	52.50	57.00
30	链球（青/6 千克）（米）	42.00	52.00	57.00	60.00
31	十项全能（电计）	3400	4700	5510	6320

注：表中涉及径赛项目成绩均为电计时，故100米、200米、110米栏的手计时成绩应加上0.24秒，400米、400米栏的手计时成绩应加上0.14秒；全能中的类似径赛方法同上；其他项目成绩相同。
成年组，>19岁；青年组，18～19岁；少年组，<18岁。

女子六～九级单项达标标准

女子六～九级单项达标标准一览表

测试内容		分值			
序号	科目	六级	七级	八级	九级
1	100米(秒)	14.04	13.04	12.74	12.33
2	200米(秒)	29.24	27.24	26.44	25.42
3	400米	1:08.14	1:03.14	1:00.2	57.3
4	800米	2:38.00	2:26.00	2:19.80	2:12.80
5	1 500米	5:30.00	5:05.00	4:48.00	4:31.00
6	3 000米	12:00.00	11:00.00	10:25.00	9:50.00
7	5 000米	23:00.00	20:00.00	18:35.00	17:10.00
8	10 000米	48:00.00	42:00.00	39:30.00	37:00.00
9	10公里竞走	1:02:30	57:30.00	54:29.00	51:28.00
10	20公里竞走	2:35:30	2:14:30	2:00:00	1:46:30
11	100米栏(成、青/0.84)(秒)	17.24	15.74	15.04	14.33
12	100米栏(少/0.762)(秒)	16.54	15.24	14.40	13.83
13	400米栏(秒)	1:16.00	1:08.00	1:04.50	1:01.00
14	3 000米障碍	14:00.00	12:30.00	11:50.00	11:10.00
15	马拉松	4:10:00	3:50:00	3:15:30	3:19:00
16	跳远(米)	4.50	5.20	5.52	5.85
17	跳高(米)	1.40	1.56	1.65	1.75

（续表）

测试内容		分值			
序号	科目	六级	七级	八级	九级
18	三级跳远（米）	9.40	11.00	11.75	12.50
19	撑竿跳高（米）	2.40	3.00	3.30	3.60
20	推铅球（米）（4千克）	10.20	12.50	13.90	15.30
21	标枪（米）（600克）	30.00	38.00	45.00	52.00
22	铁饼（米）（1千克）	31.00	39.00	45.00	51.00
23	链球（米）（4千克）	32.00	40.00	46.00	53.00
24	七项全能（电计）	3100	3500	4050	4510
25	五项全能（U18）（电计）	2400	2800	3150	3400

注：表中涉及径赛项目成绩均为电计时，故100米、200米、100米栏的手计时成绩应加上0.24秒；400米、400米栏的手计时成绩应加上0.14秒；全能中的类似径赛方法同上；其他项目成绩相同。

附录

附录一：一～六级跑类科目成绩查分表

男子跑类科目分值表

分值	科目								
	50米（秒）	100米（秒）	40米栏（秒）	60米栏（秒）	110米栏（0.914）（秒）	110米栏（0.990）（秒）	1 000米（秒）	1 500米（秒）	6分钟定时跑（米）
130	/	11.1	/	8.7	/	/	171	245	/
128	/	11.2	/	8.8	/	/	174	247	/
126	/	11.3	/	8.9	/	/	176	249	/
124	/	11.4	/	9.0	/	/	178	251	/
122	/	11.5	/	9.1	/	/	180	253	/
120	5.0	11.6	/	9.2	14.8	15.4	182	255	1 900
118	5.1	11.7	/	9.3	15.2	15.8	186	260	1 880
116	5.2	11.8	/	9.4	15.6	16.2	189	265	1 860
114	5.3	11.9	/	9.5	16.0	16.6	192	270	1 840
112	5.4	12.0	/	9.6	16.4	17.0	195	275	1 820
110	5.5	12.2	5.0	9.7	16.8	17.4	198	280	1 800
108	5.6	12.4	5.1	9.8	17.2	17.8	201	284	1 780
106	5.7	12.5	5.2	9.9	17.6	18.2	204	288	1 760
104	5.8	12.6	5.3	10.0	18.0	18.6	206	292	1 740
102	5.9	12.8	5.4	10.1	18.4	19.0	208	296	1 720
100	6.0	13.0	5.5	10.2	18.8	19.4	210	300	1 700
98	6.1	13.1	5.7	10.3	19.3	19.9	212	304	1 680
96	6.2	13.2	5.9	10.4	19.8	20.4	214	308	1 660

（续表）

分值	科目								
	50米（秒）	100米（秒）	40米栏（秒）	60米栏（秒）	110米栏（0.914）（秒）	110米栏（0.990）（秒）	1 000米（秒）	1 500米（秒）	6分钟定时跑（米）
94	6.3	13.3	6.1	10.5	20.3	20.9	216	312	1 640
92	6.4	13.4	6.3	10.6	20.8	21.4	218	316	1 620
90	6.5	13.5	6.5	10.7	21.3	21.9	220	320	1 600
88	6.6	13.6	6.7	10.8	/	/	222	324	1 580
86	6.7	13.7	6.9	10.9	/	/	224	328	1 560
84	6.8	13.8	7.1	11.0	/	/	226	332	1 540
82	6.9	13.9	7.3	11.1	/	/	228	336	1 520
80	7.0	14	7.5	11.2	/	/	230	340	1 500
78	7.1	14.1	7.6	11.3	/	/	232	342	1 480
76	7.2	14.2	7.7	11.4	/	/	234	344	1 460
74	7.3	14.3	7.8	11.5	/	/	236	346	1 440
72	7.4	14.4	7.9	11.6	/	/	238	348	1 420
70	7.5	14.5	8.0	11.7	/	/	240	350	1 400
68	7.6	14.6	8.1	/	/	/	242	/	1 380
66	7.7	14.7	8.2	/	/	/	244	/	1 360
64	7.8	14.8	8.3	/	/	/	246	/	1 340
62	7.9	14.9	8.4	/	/	/	248	/	1 320
60	8.0	15.0	8.5	/	/	/	250	/	1 300
58	8.1	/	8.6	/	/	/	/	/	1 280
56	8.2	/	8.7	/	/	/	/	/	1 260
54	8.3	/	8.8	/	/	/	/	/	1 240
52	8.4	/	8.9	/	/	/	/	/	1 220
50	8.5	/	9.0	/	/	/	/	/	1 200

（续表）

分值	科目								
	50米（秒）	100米（秒）	40米栏（秒）	60米栏（秒）	110米栏（0.914）（秒）	110米栏（0.990）（秒）	1 000米（秒）	1 500米（秒）	6分钟定时跑（米）
48	8.6	/	9.1	/	/	/	/	/	1 180
46	8.7	/	9.2	/	/	/	/	/	1 160
44	8.8	/	9.3	/	/	/	/	/	1 140
42	8.9	/	9.4	/	/	/	/	/	1 120
40	9.0	/	9.5	/	/	/	/	/	1 100

女子跑类科目分值表

分值	科目								
	50米（秒）	100米（秒）	40米栏（秒）	60米栏（秒）	100米栏(0.762)（秒）	100米栏(0.84)（秒）	800米（秒）	1 500米（秒）	6分钟定时跑（米）
130	/	12.5	/	/	/	/	140	288	/
128	/	/	/	/	/	/	142	290	/
126	/	12.6	/	/	/	/	143	293	/
124	/	/	/	/	/	/	144	297	/
122	/	12.7	/	/	/	/	145	301	/
120	6.0	12.8	/	10.0	15.0	15.5	146	305	1 660
118	6.1	13.0	/	10.2	15.2	15.8	149	310	1 640
116	6.2	13.2	/	10.4	15.4	16.1	151	315	1 620
114	6.3	13.4	/	10.6	15.6	16.4	154	320	1 600
112	6.4	13.6	/	10.8	15.9	16.7	156	325	1 580
110	6.5	13.8	6.3	11.0	16.3	17.0	158	330	1 560
108	6.6	13.9	6.4	11.2	16.0	17.3	160	336	1 540
106	6.7	14.0	6.5	11.4	16.3	17.6	162	342	1 520
104	6.8	14.1	6.6	11.6	16.6	17.9	164	348	1 500
102	6.9	14.2	6.7	11.8	16.9	18.2	166	354	1 480
100	7.0	14.3	6.8	12.0	17.2	18.5	168	360	1 460
98	7.1	14.4	6.9	12.2	17.5	18.8	171	366	1 440
96	7.2	14.5	7.0	12.4	17.8	19.1	175	372	1 420
94	7.3	14.6	7.1	12.6	18.1	19.4	180	378	1 400
92	7.4	14.7	7.2	12.8	18.4	19.7	185	384	1 380
90	7.5	14.8	7.3	13.0	18.7	20.0	190	390	1 360
88	7.6	14.9	7.4	13.1	/	/	192	392	1 340
86	7.7	15.0	7.5	13.2	/	/	194	394	1 320

（续表）

分值	科目								
	50米（秒）	100米（秒）	40米栏（秒）	60米栏（秒）	100米栏(0.914)（秒）	100米栏(0.990)（秒）	800米（秒）	1 500米（秒）	6分钟定时跑（米）
84	7.8	15.1	7.6	13.3	/	/	196	396	1 300
82	7.9	15.2	7.7	13.4	/	/	198	398	1 280
80	8.0	15.3	7.8	13.5	/	/	200	400	1 260
78	8.1	15.4	7.9	13.6	/	/	202	402	1 240
76	8.2	15.5	8.0	13.7	/	/	204	404	1 220
74	8.3	15.6	8.1	13.8	/	/	206	406	1 200
72	8.4	15.7	8.2	13.9	/	/	208	408	1 180
70	8.5	15.8	8.3	14.0	/	/	210	410	1 160
68	8.6	15.9	8.4	/	/	/	212	/	1 140
66	8.7	16.0	8.5	/	/	/	214	/	1 120
64	8.8	16.1	8.6	/	/	/	216	/	1 100
62	8.9	16.2	8.7	/	/	/	218	/	1 080
60	9.0	16.3	8.8	/	/	/	220	/	1 060
58	9.1	/	8.9	/	/	/	/	/	1 040
56	9.2	/	9.0	/	/	/	/	/	1 020
54	9.3	/	9.1	/	/	/	/	/	1 000
52	9.4	/	9.2	/	/	/	/	/	980
50	9.5	/	9.3	/	/	/	/	/	960
48	9.6	/	9.4	/	/	/	/	/	940
46	9.7	/	9.5	/	/	/	/	/	920
44	9.8	/	9.6	/	/	/	/	/	900
42	9.9	/	9.7	/	/	/	/	/	880
40	10.0	/	9.8	/	/	/	/	/	860

附录二：一～六级跳类科目成绩查分表

跳类科目分值表

分值	科目									
	十字跳		立定跳远（米）		跳远（米）		跳高（米）		三级跳远（米）	
	男	女	男	女	男	女	男	女	男	女
130	/	/	/	/	6.90	5.50	1.91	1.64	14.45	11.75
128	/	/	/	/	6.82	5.44	1.90	1.62	14.30	11.50
126	/	/	/	/	6.74	5.38	1.88	1.60	14.15	11.45
124	/	/	/	/	6.66	5.32	1.86	1.59	13.95	11.30
122	/	/	/	/	6.58	5.26	1.85	1.58	13.77	11.15
120	/	/	3.15	2.45	6.50	5.20	1.83	1.56	13.60	11.00
118	/	/	3.10	2.40	6.32	5.06	1.78	1.52	13.30	10.68
116	/	/	3.05	2.35	6.14	4.92	1.73	1.49	13.00	10.36
114	/	/	3.00	2.30	5.96	4.78	1.68	1.46	12.70	10.04
112	/	/	2.95	2.25	5.78	4.64	1.64	1.43	12.40	9.72
110	/	/	2.90	2.20	5.60	4.50	1.60	1.40	12.10	9.40
108	/	/	2.86	2.18	5.53	4.42	1.58	1.38	11.88	9.20
106	/	/	2.82	2.16	5.45	4.34	1.56	1.36	11.66	9.00
104	/	/	2.78	2.14	5.38	4.26	1.54	1.34	11.44	8.80
102	/	/	2.74	2.12	5.32	4.18	1.52	1.32	11.22	8.60
100	9	8	2.70	2.10	5.25	4.10	1.50	1.30	11.00	8.40
98	/	/	2.66	2.06	5.19	4.06	1.48	1.28	10.80	8.20
96	/	/	2.62	2.02	5.13	4.02	1.46	1.26	10.60	8.10

（续表）

分值	科目									
	十字跳		立定跳远（米）		跳远（米）		跳高（米）		三级跳远（米）	
	男	女	男	女	男	女	男	女	男	女
94	/	/	2.58	1.98	5.07	3.98	1.44	1.24	10.40	8.00
92	/	/	2.54	1.94	5.01	3.94	1.42	1.22	10.20	7.80
90	8	7	2.50	1.90	4.95	3.90	1.40	1.20	10.00	7.60
88	/	/	2.46	1.89	4.89	3.86	1.38	1.18	9.90	7.40
86	/	/	2.42	1.88	4.83	3.82	1.36	1.16	9.80	7.20
84	/	/	2.38	1.87	4.77	3.78	1.34	1.14	9.70	7.10
82	/	/	2.34	1.86	4.71	3.74	1.32	1.12	9.60	7.05
80	7	6	2.30	1.85	4.65	3.70	1.30	1.10	9.50	7.00
78	/	/	2.26	1.84	4.59	3.66	1.28	1.08	9.45	6.95
76	/	/	2.22	1.83	4.53	3.62	1.26	1.06	9.40	6.90
74	/	/	2.18	1.82	4.47	3.58	1.24	1.04	9.35	6.85
72	/	/	2.14	1.81	4.41	3.54	1.22	1.02	9.30	6.80
70	6	5	2.10	1.80	4.35	3.50	1.20	1.00	9.25	6.70
68	/	/	2.06	1.78	4.29	3.46	1.18	0.98	/	/
66	/	/	2.02	1.76	4.22	3.42	1.16	0.96	/	/
64	/	/	1.98	1.74	4.16	3.38	1.14	0.94	/	/
62	/	/	1.94	1.72	4.10	3.34	1.12	0.92	/	/
60	5	4	1.90	1.70	4.05	3.30	1.10	0.90	/	/
58	/	/	1.86	1.68	/	/	/	/	/	/
56	/	/	1.82	1.66	/	/	/	/	/	/
54	/	/	1.78	1.64	/	/	/	/	/	/
52	/	/	1.74	1.62	/	/	/	/	/	/
50	4	3	1.70	1.60	/	/	/	/	/	/

（续表）

分值	科目									
	十字跳		立定跳远（米）		跳远（米）		跳高（米）		三级跳远（米）	
	男	女	男	女	男	女	男	女	男	女
48	/	/	1.68	1.58	/	/	/	/	/	/
46	/	/	1.66	1.56	/	/	/	/	/	/
44	/	/	1.64	1.54	/	/	/	/	/	/
42	/	/	1.62	1.52	/	/	/	/	/	/
40	3	2	1.60	1.50	/	/	/	/	/	/

附录三：一～六级投类科目成绩查分表

投类科目分值表

分值	科目									
	原地掷垒球（米）		跪姿投实心球（米）		头上前抛实心球（米）		后抛实心球（米）		推铅球（米）	
	男	女	男	女	男	女	男	女	男	女
130	/	/	/	/	/	/	/	/	17.75	13.90
128	/	/	/	/	/	/	/	/	17.25	13.62
126	/	/	/	/	/	/	/	/	16.75	13.34
124	/	/	/	/	/	/	/	/	16.25	13.06
122	/	/	/	/	/	/	/	/	15.75	12.78
120	/	/	/	/	14.50	11.00	15.00	12.00	15.25	12.50
118	/	/	/	/	14.30	10.70	14.80	11.70	14.67	12.14
116	/	/	/	/	14.10	10.40	14.60	11.40	14.09	11.78
114	/	/	/	/	13.90	10.10	14.40	11.10	13.51	11.42
112	/	/	/	/	13.70	9.80	14.20	10.80	12.93	11.06
110	/	/	/	/	13.50	9.50	14.00	10.50	12.35	10.70
108	/	/	/	/	13.30	9.30	13.80	10.20	12.17	10.26
106	/	/	/	/	13.10	9.10	13.60	9.90	11.99	9.82
104	/	/	/	/	12.90	8.90	13.40	9.60	11.81	9.38
102	/	/	/	/	12.70	8.70	13.20	9.30	11.63	8.94
100	45.00	39.00	9.50	8.50	12.50	8.50	13.00	9.00	11.45	8.50
98	44.00	38.00	9.30	8.30	12.20	8.30	12.70	8.80	11.25	8.30

（续表）

分值	科目									
	原地掷垒球（米）		跪姿投实心球（米）		头上前抛实心球（米）		后抛实心球（米）		推铅球（米）	
	男	女	男	女	男	女	男	女	男	女
96	43.00	37.00	9.10	8.10	11.90	8.10	12.40	8.60	11.05	8.10
94	42.00	36.00	8.90	7.90	11.60	7.90	12.10	8.40	10.85	7.90
92	41.00	35.00	8.70	7.70	11.30	7.70	11.80	8.20	10.65	7.70
90	40.00	34.00	8.50	7.50	11.00	7.50	11.50	8.00	10.45	7.50
88	39.20	33.20	8.30	7.30	10.80	7.40	11.30	7.90	10.37	7.40
86	38.40	32.40	8.10	7.10	10.60	7.30	11.10	7.80	10.29	7.30
84	37.60	31.60	7.90	6.90	10.40	7.20	10.90	7.70	10.21	7.20
82	36.80	30.80	7.70	6.70	10.20	7.10	10.70	7.60	10.13	7.10
80	36.00	30.00	7.50	6.50	10.00	7.00	10.50	7.50	10.05	7.00
78	35.20	29.20	7.30	6.35	9.80	6.90	10.30	7.40	9.97	6.90
76	34.40	28.40	7.10	6.20	9.60	6.80	10.10	7.30	9.89	6.80
74	33.60	27.60	6.90	6.05	9.40	6.70	9.90	7.20	9.81	6.70
72	32.80	26.80	6.70	5.90	9.20	6.60	9.70	7.10	9.73	6.60
70	32.00	26.00	6.50	5.75	9.00	6.50	9.50	7.00	9.65	6.50
68	31.00	25.20	6.30	5.60	8.90	6.40	/	/	/	/
66	30.00	24.40	6.10	5.45	8.80	6.30	/	/	/	/
64	29.00	23.60	5.90	5.30	8.70	6.20	/	/	/	/
62	28.00	22.80	5.70	5.15	8.60	6.10	/	/	/	/
60	27.00	22.00	5.50	5.00	8.50	6.00	/	/	/	/
58	26.00	21.20	5.30	4.85	/	/	/	/	/	/
56	25.00	20.40	5.10	4.70	/	/	/	/	/	/
54	24.00	19.60	4.90	4.55	/	/	/	/	/	/

（续表）

分值	科目									
	原地掷垒球（米）		跪姿投实心球（米）		头上前抛实心球（米）		后抛实心球（米）		推铅球（米）	
	男	女	男	女	男	女	男	女	男	女
52	23.00	18.80	4.70	4.40	/	/	/	/	/	/
50	22.00	18.00	4.50	4.25	/	/	/	/	/	/
48	21.20	17.20	4.40	4.10	/	/	/	/	/	/
46	20.40	16.40	4.30	3.95	/	/	/	/	/	/
44	19.60	15.60	4.20	3.80	/	/	/	/	/	/
42	18.80	14.80	4.10	3.65	/	/	/	/	/	/
40	18.00	14.00	4.00	3.50	/	/	/	/	/	/

附录四：七～九级综合测评跑类科目成绩查分表

男子综合测评跑类科目分值表（一）（电计时）

分 值	100米	200米	400米	800米	1 500米	3 000米	5 000米	10 000米
140	10.93	22.02	49.60	1:54.50	3:54.90	8:35.00	14:40.00	30:50.00
139	10.96	22.11	49.80	1:54.92	3:55.96	8:36.75	14.:44.50	30:59.50
138	11.00	22.20	50.00	1:55.34	3:57.02	8:38.50	14:49.00	31:09.00
137	11.04	22.29	50.19	1:55.76	3:58.08	8:40.25	14.53.50	31:18.50
136	11.08	22.38	50.38	1:56.18	3:59.14	8:42.00	14:58.00	31:28.00
135	11.11	22.47	50.57	1:56.60	4:00.20	8:43.75	15:02.50	31:37.50
134	11.15	22.56	50.76	1:57.02	4:01.26	8:45.50	15:07.00	31:47.00
133	11.19	22.65	50.97	1:57.44	4:02.32	8:47.25	15:11.50	31:56.50
132	11.23	22.74	51.16	1:57.86	4:03.38	8:49.00	15:16.00	32:06.00
131	11.27	22.83	51.35	1:58.28	4:04.44	8:50.75	15:20.50	32:15.50
130	11.31	22.92	51.54	1:58.70	4:05.50	8:52.50	15:25.00	32:25.00
129	11.35	23.01	51.70	1:59.13	4:06.45	8:54.25	15:29.50	32.34.50
128	11.39	23.10	51.86	1:59.56	4:07.40	8:56.00	15:34.00	32:44.00
127	11.44	23.19	52.02	1:59.99	4:08.35	8:57.75	15:38.50	32:53.50
126	11.49	23.29	52.18	2:00.42	4:09.30	8:59.50	15:43.00	33:03.00
125	11.53	23.38	52.34	2:00.85	4:1025	9:01.25	15:47.50	33:12.50
124	11.57	23.47	52.50	2:01.28	4:11.20	9:03.00	15:52.00	33:22.00
123	11.61	23.56	52.66	2:01.71	4:12.15	9:04.75	15:56.50	33:31.50

（续表）

分 值	100米	200米	400米	800米	1 500米	3 000米	5 000米	10 000米
122	11.65	23.65	52.82	2:02.14	4:12.10	9:06.50	16:01.00	33:41.00
121	11.69	23.74	52.98	2:02.57	4:13.05	9:08.25	16:05.50	33:50.50
120	11.74	23.84	53.14	2:03.00	4:15.00	9:10.00	16:10.00	34:00.00
119	11.83	24.03	53.49	2:04.30	4:17.50	9:05.50	16:19.00	34:18.00
118	11.92	24.22	53.84	2:05.60	4:20.00	9:11.00	16:28.00	34:36.00
117	12.01	24.41	54.19	2:06.90	4:22.50	9:16.50	16:37.00	34:54.00
116	12.10	24.60	54.54	2:08.20	4:25.00	9:22.00	16:46.00	35:12.00
115	12.19	24.79	54.89	2:09.50	4:27.50	9:27.50	16:55.00	35:30.00
114	12.28	24.98	55.24	2:10.80	4:30.00	9:33.00	17:04.00	35:48.00
113	12.37	25.17	55.59	2:12.10	4:32.50	9:38.50	17:13.00	36:06.00
112	12.46	25.36	55.94	2:13.40	4:35.00	9:44.00	17:22.00	36:24.00
111	12.55	25.55	56.29	2:14.70	4:37.50	9:49.50	17:31.00	36:42.00
110	12.64	25.74	56.64	2:16.00	4:40.00	10:05.00	17:40.00	37:00.00
109	12.70	25.89	57.29	2:16.80	4:42.00	10:09.30	17:49.00	37:18.00
108	12.76	26.04	57.94	2:17.60	4:44.00	10:14.00	17:58.00	37:36.00
107	12.82	26.19	58.59	2:18.40	4:46.00	10:18.30	18:07.00	37:54.00
106	12.88	26.34	59.24	2:19.20	4:48.00	10:23.00	18:16.00	38:12.00
105	12.94	26.49	59.89	2:20.00	4:50.00	10:27.30	18:25.00	38:30.00
104	13.00	26.64	1:00.54	2:20.80	4:52.00	10:32.00	18:34.00	38:48.00
103	13.06	26.79	1:01.19	2:21.60	4:54.00	10:36.30	18:43.00	39:06.00
102	13.12	26.94	1:01.84	2:22.40	4:56.00	10:41.00	18:52.00	39:24.00
101	13.18	27.09	1:02.49	2:23.20	4:58.00	10:45.30	19:01.00	39:42.00
100	13.24	27.24	1:03.14	2:24.00	5:00.00	10:50.00	19:10.00	40:00.00

男子综合测评跑类科目分值表（二）（电计时）

分值	10公里竞走	20公里竞走	50公里竞走	110米栏	400米栏	3 000米障碍	马拉松
140	44:00	1:35:20	4:23:20	14.73	54.14	9:15.00	2:34:00
139	44:15	1:36:45	4:24:26	14.80	54.44	9:17.80	2:35:48
138	44:30	1:38:09	4:25:33	14.88	54.74	9:20.60	2:37:36
137	44:45	1:39:34	4:26:39	14.95	55.04	9:23.40	2:39:24
136	45:00	1:40:59	4:27:46	15.02	55.34	9:26.20	2:41:12
135	45:15	1:42:23	4:28:52	15.10	55.64	9:29.00	2:43:00
134	44:30	1:43:48	4:29:59	15.17	55.94	9:31.80	2:44:48
133	45:45	1:45:12	4:31:06	15.25	56.24	9:34.60	2:46:36
132	46:00	1:46:27	4:32:12	15.32	56.54	9:37.40	2:48:24
131	46:15	1:47:51	4:33:19	15.39	56.84	9:40.20	2:50:12
130	46:30	1:49:25	4:34:25	15.48	57.14	9:43.00	2:52:00
129	46.45	1:50:50	4:35:32	15.55	57.44	9:45.7	2:53:48
128	47:00	1:52:14	4:36.39	15.63	57.74	9:48.40	2:55:36
127	47:15	1:53:39	4:37:45	15.70	58.04	9:51.10	2:57:24
126	47:30	1:55:03	4:38:52	15.78	58.34	9:53.80	2:59:12
125	47:45	1:57:28	4:39:58	15.85	58.64	9:56.50	3:01:00
124	48:00	1:58:52	4:41:05	15.93	58.94	9:59.20	3:02:48
123	48:15	2:00:17	4:42:11	16.01	59.24	10:01.90	3:04:36
122	48:30	2:01:41	4:43:18	16.09	59.54	10:04.60	3:06:24
121	48:45	2:02:06	4:44:24	16.16	59.841	10:07.30	3:08:12
120	49:00	2:03:30	4:45:30	16.24	1:00.14	10:10.00	3:10:00
119	49:30	2:05:36	4:48:48	16.44	1:00.94	10:17.00	3:15:00
118	50:00	2:07:42	4:52:06	16.64	1:01.74	10:24.00	3:20:00
117	50:30	2:09:48	4:55:24	16.84	1:02.54	10:31.00	3:25:00

（续表）

分值	10公里竞走	20公里竞走	50公里竞走	110米栏	400米栏	3 000米障碍	马拉松
116	51:00	2:11:54	4:58:42	17.04	1:03.34	10:38.00	3:30:00
115	51:30	2:14:00	5:02:00	17.24	1:04.14	10:45.00	3:35:00
114	52:00	2:16:06	5:05:18	17.44	1:04.94	10:52.00	3:40:00
113	52:30	2:18:12	5:08:36	17.64	1:05.74	10:59.00	3:45:00
112	53:00	2:20:18	5:11:54	17.84	1:06.54	11:06.00	3:50:00
111	53:30	2:22:24	5:15:12	18.04	1:07.34	11:13.00	3:55:00
110	54:00	2:24:30	5:18:30	18.24	1:08.14	11:20.00	4:00:00
109	54:30	2:26:36	5:21:48	18.44	1:08.94	11:27.00	4:05.00
108	55:00	2:28:42	5:25:06	18.64	1:09.74	11:34.00	4:10.00
107	55:30	2:30:48	5:28:24	18.84	1:10.54	11:41.00	4:15.00
106	56:00	2:32:52	5:31:42	19.04	1:11.34	11:48.00	4:20.00
105	56:30	2:34:58	5:35:00	19.24	1:12.14	11:55.00	4:25.00
104	57:00	2:37:04	5:38:18	19.44	1:12.94	12:02.00	4:30.00
103	57:30	2:39:10	5:41:36	19.64	1:13.74	12:09.00	4:35.00
102	58:00	2:41:16	5:44:52	19.84	1:14.54	12:16.00	4:40.00
101	58:30	2:43:22	5:48:10	20.04	1:15.34	12:23.00	4:45.00
100	59:00	2:45:28	5:51:28	20.24	1:16.14	12:30.00	4:40.00

女子综合测评跑类科目分值表(一)(电计时)

分 值	100米	200米	400米	800米	1 500米	3 000米	5 000米	10 000米
140	12.33	25.42	57.30	2:12.80	4:31.00	9:50.00	17:10.00	37:00.00
139	12.37	25.52	57.59	2:13.50	4:32.70	9:53.50	17:18.50	37:15.00
138	12.41	25.62	57.88	2:14.20	4:34.40	9:57.00	17:27.00	37:30.00
137	12.45	25.72	58.17	2:14.90	4:36.10	10:00.50	17:35.50	37:45.00
136	12.50	25.83	58.46	2:15.60	4:37.80	10:04.00	17:44.00	38:00.00
135	12.54	25.93	58.75	2:16.30	4:39.50	10:07.50	17:52.50	38:15.00
134	12.58	26.03	59.04	2:17.00	4:41.20	10:11.00	18:01.00	38:30.00
133	12.62	26.13	59.33	2:17.70	4:42.90	10:14.50	18:09.50	38:45.00
132	12.66	26.23	59.62	2:18.40	4:44.60	10:18.00	18:18.00	39:00.00
131	12.70	26.34	59.91	2:18.10	4:46.30	10:21.50	18:26.50	39:15.00
130	12.74	26.44	1:00.20	2:19.80	4:48.00	10:25.00	18:35.00	39:30.00
129	12.77	26.52	1:00.49	2:20.42	4:49.70	10:28.50	18:43.50	39:45.00
128	12.80	26.60	1:00.78	2:21.04	4:51.40	10.32.00	18:52.00	40:00.00
127	12.83	26.68	1:01.07	2:21.66	4:53.10	10:35.50	19:00.50	40:15.00
126	12.86	26.76	1:01.36	2:22.28	4:54.80	10:39.00	19:09.00	40:30.00
125	12.89	26.84	1:01.65	2:22.90	4:56.50	10:42.50	19:17.50	40:45.00
124	12.92	26.92	1:01.94	2:23.52	4:58.20	10:46.00	19:26.00	41:00.00
123	12.95	27.00	1:02.23	2:24.14	4:59.90	10:49.50	19:34.50	41:15.00
122	12.98	27.08	1:02.52	2:24.76	5:01.60	10:53.00	19:43.00	41:30.00
121	13.01	27.16	1:03.81	2:25.38	5:03.30	10:56.50	19:51.50	41:45.00
120	13.04	27.24	1:03.14	2:26.00	5:05.00	11:00.00	20:00.00	42:00.00
119	13.14	27.44	1:03.64	2:27.20	5:07.50	11:06.00	20:18.00	42:36.00
118	13.24	27.64	1:04.14	2:28.40	5:10.00	11:12.00	20:36.00	43:12.00
117	13.34	27.84	1:04.64	2:29.60	5:12.50	11:18.00	20:54.00	43:48.00

（续表）

分 值	100米	200米	400米	800米	1 500米	3 000米	5 000米	10 000米
116	13.44	28.04	1:05.14	2:30.80	5:15.00	11:24.00	21:12.00	44:24.00
115	13.54	28.24	1:05.64	2:32.00	5:17.50	11:30.00	21:30.00	45:00.00
114	13.64	28.44	1:06.14	2:33.20	5:20.00	11:36.00	21:48.00	45:36.00
113	13.74	28.64	1:06.64	2:34.40	5:22.50	11:42.00	22:06.00	46:12.00
112	13.84	28.84	1:07.14	2:35.60	5:25.00	11:48.00	22:24.00	46:48.00
111	13.94	29.04	1:07.64	2:36.80	5:27.50	11:54.00	22:42.00	47:24.00
110	14.04	29.24	1:08.14	2:38.00	5:30.00	12:00.00	23:00.00	48:00.00
109	14.12	29.60	1:08.74	2:39.00	5:33.00	12:06.00	23:18.00	48:36.00
108	14.20	29.96	1:09.34	2:40.00	5:36.00	12:12.00	23:36.00	49:12.00
107	14.28	30.32	1:09.94	2:41.00	5:39.00	12:18.00	23:54.00	49:48.00
106	14.36	30.68	1:10.54	2:42.00	5:42.00	12:24.00	24:12.00	50:24.00
105	14.44	31.04	1:11.14	2:43.00	5:45.00	12:30.00	24:30.00	51:00.00
104	14.52	31.40	1:11.74	2:44.00	5:48.00	12:36.00	24.48.00	51:36.00
103	14.60	31.76	1:12.34	2:45.00	5:51.00	12:42.00	25:06.00	52:12.00
102	14.68	32.12	1:12.94	2:46.00	5:54.00	12:48.00	25:24.00	52:48.00
101	14.74	32.48	1:13.54	2:47.00	5:57.00	12:54.00	25:42.00	53:24.00
100	14.84	32.84	1:14.14	2:48.00	6:00.00	13:00.00	26:00.00	54:00.00

女子综合测评跑类科目分值表（二）（电计时）

分 值	10公里竞走	20公里竞走	110米栏	400米栏	3 000米障碍	马拉松
140	51:28.00	1:46:30	14.33	1:01.00	11:10.00	3:19:00
139	51:46.10	1:47:57	14.40	1:01.35	11:14.00	3:20:33
138	52:04.20	1:49:24	14.47	1:01.70	11:18.00	3:22:06
137	52:22.30	1:50:51	14.54	1:02.05	11:22.00	3:23:39
136	52:40.40	1:52:18	14.61	1:02.40	11:26.00	3:25:12
135	52:58.50	1:53:45	14.68	1:02.75	11:30.00	3:26:45
134	53:16.60	1:55:22	14.75	1:03.10	11:34.00	3:28:18
133	53:34.70	1:56:49	14.82	1:03.45	11:38.00	3:29:51
132	53:52.80	1:58:16	14.89	1:03.80	11:42.00	3:31:24
131	54:10.90	1:58:43	14.96	1:04.15	11:46.00	3:32:57
130	54:29.00	2:00:00	15.04	1:04.50	11:50.00	3:34:30
129	54:47.10	2:01:27	15.11	1:04.85	11:54.00	3:36:03
128	55:05.20	2:02:54	15.18	1:05.20	11:58.00	3:37:36
127	55:23.30	2:04:21	15.25	1:05.55	12:02.00	3:39:09
126	55:41.40	2:05:48	15.32	1:05.90	12:06.00	3:40:42
125	55:59.50	2:07:15	15.39	1:06.25	12:10.00	3:42:15
124	56:17.60	2:08:42	15.46	1:06.60	12:14.00	3:43:48
123	56:35.70	2:10:09	15.53	1:06.95	12:18.00	3:45:21
122	56:53.80	2:11:36	15.60	1:0730	12:22.00	3:46:54
121	57:11.90	2:13:03	15.67	1:07.65	12:26.00	3:48:27
120	57:30.00	2:14:30	15.74	1:08.00	12:30.00	3:50:00
119	58:00.00	2:16:36	15.89	1:08.80	12:39.00	3:52:00
118	58:30.00	2:18:42	16.04	1:09.60	12:48.00	3:54:00
117	59:00.00	2:20:48	16.19	1:10.40	12:57.00	3:56:00

（续表）

分 值	10公里竞走	20公里竞走	110米栏	400米栏	3 000米障碍	马拉松
116	59:30.00	2:22:54	16.34	1:11.20	13:06.00	3:58:00
115	1:00:00.00	2:25:00	16.49	1:12.00	13:15.00	4:00:00
114	1:00:30.00	2:27:06	16.64	1:12.80	13:24.00	4:02:00
113	1:01:00.00	2:29:12	16.79	1:13.60	13:33.00	4:04:00
112	1:01:30.00	2:31:18	16.94	1:14.40	13:42.00	4:06:00
111	1:02:00.00	2:33:24	17.09	1:15.20	13:51.00	4:08:00
110	1:02:30.00	2:35:30	17.24	1:16.00	14:00.00	4:10:00
109	1:03:00.00	2:37:46	17.39	1:16.40	14:09.00	4:12:00
108	1:03:30.00	2:40:02	17.54	1:17.20	14:18.00	4:14:00
107	1:04:00.00	2:42:18	17.69	1:18.00	14:27.00	4:16:00
106	1:04:30.00	2:44:34	17.84	1:18.40	14:36.00	4:18:00
105	1:05:00.00	2:46:50	17.99	1:19.20	14:45.00	4:20:00
104	1:05:30.00	2:49:06	18.14	1:20.00	14:54.00	4:22:00
103	1:06:00.00	2:51:22	18.29	1:20.40	15:03.00	4:24:00
102	1:06:30.00	2:53:38	18.44	1:21.20	15:12.00	4:26:00
101	1:07:00.00	2:55:54	18.59	1:22.00	15:21.00	4:28:00
100	1:07:30.00	2:58:10	18.74	1:22.40	15:30.00	4:30:00

附录五：七～九级综合测评跳类、投类科目成绩查分表

男子综合测评跳类、投类科目分值表

分 值	跳远（米）	三级跳远（米）	跳高（米）	撑竿跳高（米）	铅球（米）	标枪（米）	铁饼（米）	链球（米）
140	7.30	15.35	2.00	4.80	16.20	66.10	49.60	57.00
139	7.26	15.26	1.99	4.76	16.01	65.34	48.97	56.55
138	7.22	15.17	1.98	4.72	15.82	64.58	48.34	56.10
137	7.18	15.08	1.97	4.68	15.63	63.82	47.71	55.65
136	7.14	14.99	1.96	4.64	15.44	63.07	47.08	55.20
135	7.10	14.90	1.95	4.60	15.25	62.32	46.45	54.75
134	7.06	14.81	1.94	4.56	15.06	61.56	45.82	54.30
133	7.02	14.72	1.93	4.52	14.87	60.81	45.19	53.85
132	6.98	14.63	1.92	4.48	14.68	60.05	44.56	53.40
131	6.94	14.54	1.91	4.44	14.49	59.30	43.93	52.95
130	6.90	14.45	1.90	4.40	14.30	58.55	43.30	52.50
129	6.86	1437	1.89	4.36	13.22	57.80	42.77	52.05
128	6.82	14.28	1.88	4.32	13.14	57.10	42.24	51.60
127	6.78	14.20	1.87	4.28	13.06	56.35	41.73	51.15
126	6.74	14.11	-	4.24	12.98	55.60	41.18	50.70
125	6.70	14.03	1.86	4.20	12.90	54.85	40.65	50.25
124	6.66	13.94	-	4.16	12.82	54.05	40.12	49.80
123	6.62	13.86	1.85	4.12	12.74	53.30	39.59	49.35
122	6.58	13.77	-	4.08	12.66	52.55	39.06	48.90

（续表）

分 值	跳远（米）	三级跳远（米）	跳高（米）	撑竿跳高（米）	铅球（米）	标枪（米）	铁饼（米）	链球（米）
121	6.54	13.69	1.84	4.04	12.58	51.75	38.53	48.45
120	6.50	13.60	1.83	4.00	12.50	51.00	38.00	48.00
119	6.41	13.45	1.80	3.95	12.20	49.50	37.10	46.80
118	6.32	13.30	1.77	3.90	11.90	48.00	36.20	45.60
117	6.23	13.15	1.75	3.85	11.60	46.50	35.30	44.40
116	6.14	13.00	1.73	3.80	11.30	45.00	34.40	43.20
115	6.05	12.85	1.70	3.75	11.00	43.50	33.50	42.00
114	5.96	12.70	1.68	3.70	10.70	42.00	32.60	40.80
113	5.87	12.55	1.66	3.65	10.40	40.50	31.70	39.60
112	5.78	12.40	1.64	3.60	10.10	39.00	30.80	38.40
111	5.69	12.25	1.62	3.55	9.80	37.50	29.90	37.20
110	5.60	12.10	1.60	3.50	9.50	36.00	29.00	36.00
109	5.57	11.99	1.59	3.42	9.40	35.00	28.10	34.80
108	5.53	11.88	1.58	3.34	9.30	34.00	27.20	33.60
107	5.50	11.77	1.57	3.26	9.20	33.00	26.30	32.40
106	5.46	11.66	1.56	3.18	9.10	32.00	25.40	31.20
105	5.43	11.55	1.55	3.10	9.00	31.00	24.50	30.00
104	5.40	11.44	1.54	3.02	8.90	30.00	23.60	28.80
103	5.37	11.33	1.53	2.94	8.80	29.00	22.70	27.60
102	5.33	11.22	1.52	2.86	8.70	28.00	21.80	26.40
101	5.29	11.11	1.51	2.78	8.60	27.00	20.90	25.20
100	5.25	11.00	1.50	2.70	8.50	26.00	20.00	24.00

女子综合测评跳类、投类科目分值表

分 值	跳远（米）	三级跳远（米）	跳高（米）	撑竿跳高（米）	铅球（米）	标枪（米）	铁饼（米）	链球（米）
140	5.85	12.50	1.75	3.60	15.30	52.00	51.00	53.00
139	5.81	12.42	1.74	3.57	15.16	51.30	50.40	52.30
138	5.77	12.35	1.73	3.54	15.02	50.60	49.80	51.60
137	5.74	12.27	1.72	3.51	14.88	49.90	49.20	50.90
136	5.71	12.20	1.71	3.48	14.74	49.20	48.60	50.20
135	5.67	12.12	1.70	3.45	14.60	48.50	48.00	49.50
134	5.64	12.05	1.69	3.42	14.46	47.80	47.40	48.80
133	5.61	11.97	1.68	3.39	14.32	47.10	46.80	48.10
132	5.58	11.90	1.67	3.36	14.18	46.40	46.20	47.40
131	5.55	11.83	1.66	3.33	14.04	45.70	45.60	46.70
130	5.52	11.75	1.65	3.30	13.90	45.00	45.00	46.00
129	5.48	11.68	1.64	3.27	13.86	44.30	44.40	45.20
128	5.45	11.60	1.63	3.24	13.62	43.60	43.80	44.80
127	5.42	11.53	1.62	3.21	13.38	42.90	43.20	44.20
126	5.39	11.45	1.61	3.18	13.24	42.20	42.60	43.60
125	5.36	11.37	1.60	3.15	13.20	41.50	42.00	43.00
124	5.32	11.30	1.59	3.12	13.06	40.80	41.40	42.40
123	5.29	11.23	1.58	3.09	12.92	40.10	40.80	41.80
122	5.26	11.15	1.57	3.06	12.78	39.40	40.20	41.20
121	5.23	11.08	-	3.03	12.64	38.70	39.60	40.60
120	5.20	11.00	1.56	3.00	12.50	38.00	39.00	40.00
119	5.13	10.84	1.55	2.94	12.25	37.20	38.20	39.20
118	5.06	10.66	1.53	2.88	12.00	36.40	37.40	38.40
117	4.99	10.50	1.51	2.82	11.75	35.60	36.60	37.60

（续表）

分 值	跳远（米）	三级跳远（米）	跳高（米）	撑竿跳高（米）	铅球（米）	标枪（米）	铁饼（米）	链球（米）
116	4.92	10.34	1.49	2.76	11.50	34.80	35.80	36.80
115	4.85	10.18	1.48	2.70	11.25	34.00	35.00	36.00
114	4.78	10.02	1.46	2.64	11.00	33.20	34.20	35.20
113	4.71	9.86	1.45	2.58	10.75	32.40	33.40	34.40
112	4.64	9.72	1.43	2.52	10.50	31.60	32.60	33.60
111	4.57	9.56	1.41	2.46	10.25	30.80	31.80	32.80
110	4.50	9.40	1.40	2.40	10.00	30.00	31.00	32.00
109	4.46	9.24	1.39	2.38	9.85	29.20	30.40	31.20
108	4.42	9.08	1.38	2.36	9.70	28.40	29.80	30.40
107	4.38	8.92	1.37	2.34	9.55	27.60	29.20	29.60
106	4.34	8.76	1.36	2.32	9.40	26.40	28.60	28.80
105	4.30	8.60	1.35	2.30	9.25	25.20	28.00	28.00
104	4.26	8.44	1.34	2.28	9.10	24.80	27.40	27.20
103	4.22	8.28	1.33	2.26	8.95	24.00	26.80	26.40
102	4.18	8.12	1.32	2.24	8.80	23.20	26.20	25.60
101	4.14	7.96	1.31	2.22	8.65	22.80	25.60	24.80
100	4.10	7.80	1.30	2.20	8.50	22.00	25.00	24.00